JN411585

# 봄볕 잠시 머물다

●

배정태 시집

●

오늘의문학사

국립중앙도서관 출판시도서목록(CIP)

봄볕 잠시 머물다 : 배정태 시집 / 지은이: 배정태. -- 대전
: 오늘의문학사, 2017
p. ; cm. -- (문학사랑시인선 ; 51)

대전문화재단과 대전광역시에서 사업비 일부를 지원받았음
ISBN 978-89-5669-832-8 03810 : ₩12000

한국 현대시[韓國現代詩]

811.7-KDC6
895.715-DDC23 CIP2017015390

# 봄볕 잠시 머물다

## ■ 시인의 말

새벽이 좋다. 간밤의 잡다함을 비워낸 홀가분한 시작이라 좋다. 꼭두새벽은 간밤의 미완의 생각과 잔상들을 뒤처리해서 좋다.

아직껏 지우지 못한 일들이 있기에 나는 새로워질게다. 그동안 써온 다섯 번의 책들에서 매번 요번에는 성심성의껏 잘해보자 했는데도 부족함이 너무 많았다.

이나마 습작을 도와주신 선배님, 문우들, 교수님, 여러 모로 도와주신 분들, 내 가족 모든 분의 덕택이다. 너무나 많이 신세진 분들에게 고맙다는 말로 용서를 구한다.

아직 가로등 환한 창들을 보며, 가벼워진 머리로 또 다른 독자를 만나기 위해 창을 연다.

2017 6월 새벽

심천 배 정 태

‖ 차례 ‖

제2부

# 1부

# 봄비

기지개를 켜라
털 눈을 떠라
깍지 낀 손을 벗기란다.
주문 많은 봄날에
아침은 싱싱한 격려와
충동이 등을 밀고 있다.
겨울 지낸 오랜 침묵의 기도
부르튼 손등마저
갈등 속에 금이 갈 지경에
가슴 달래는 한 모금
마른 목 줄기 위로
희망 한줄기 내리고 있다
혼돈 속에 잠든 삶들이
놀란 눈에 귀마저 열리는
새날이 내린다.

# 봄의 기도

언제나 마른 가슴 찾아든 봄소식에
바스락 갈잎 속을 파고든 봄비 한 줌
메마른 애린 눈동자
닦으려는 눈물인가

숨소리 달싹이는 맥문동 여린 싹들
집나간 말뚝이*놈 으깨버린 화단 위로
새봄은 어깨를 잡고
부추기며 토닥인다.

겨우내 얼어붙은 상록수 가지마다
물기를 앗아버린 고난의 세월 안고
골마다 화합의 소리
갯벌 지나 함성이다

움츠려 날던 새의 비수 같은 북풍마저
봄 여신 남에서 오면 포옹하는 한가슴
하늘땅 함께 부르는
함성 속의 꽃 잔치

* 말뚝이 : 우리 집 수캉아지

# 홍매 가지의 봄

너의 붉은 마음을
어찌 잊었을까만
멀리 두고 떠나온 고향산천
자락마다 또 다른 봄이 온다.
사질토 푸석한 산밭에
봄볕 따스한 날이다
정표처럼 심었던 열댓 포기
겨우 다섯 그루 남아서
산을 지킨다.
수분이 금방 증발하는 사질토
손아귀에 뜯기고 고라니에 먹혀
얼부푼 날의 상흔이 밑동에 남긴 채
홍매가지에 봄볕 머물다.
삼십년 세월이 하늘을 받치듯이
폭염 속에도 콩밭에 엎드려
땀에 젖던 부모님 두꺼비 손등에
흐르던 붉은 핏줄의 열정,
다섯 남매 보란 듯 키워낸 정성
봄을 당기는 저 붉은 봉오리들의
뜨거운 함성을 본다.

# 봄볕 한줌

새벽별 지기 전에
얼비치던 네 모습이
슬며시 부여잡은
봄의 온기 끌어안고
산다화
정수리에다
터 잡는 봄 아가씨.

땅 내음 그리워서
달려온 파도 속엔
이아침 유난히도
금빛모래 세는 햇살
다소 곳
주저앉은 채
조약돌을 줍고 있다.

산사 속 겨울 무게
노스님의 독경 따라
얼부푼 삶 달래려고
바람결에 몸 맡기면
깊은 정

한 자락 깔고
가지 끝에 머문다.

# 빈 방부터 오는 봄

라일락 자지러진
주름 잡힌 솔기마다
탄생의 환호성도
고통의 신음까지
간직한 닫혀진 방을
밀고 드는 낯선 봄

피곤한 봄볕 한줌
피부에 파고들면
덕지덕지 말라붙은
환상들이 빈방 가득
초봄에 시집 간 딸아이
잡동사니 뒤적인다.

구차와 초라함도
봄날에 비워진 방
겨울의 고픔도 잊고
헐렁한 고리 당기면
장독대 불 밝혀 빌던
어머님의 닳은 손금.

# 봄볕 잠시 머물다

잠에서 깨는 기지개
피곤한 산자락
끝을 흔드는 신호탄
하늘로부터 내리는
환희 한 소절이다.
이 땅 삶의 탄생 기원한 날부터
지금껏 침묵하던 생명들도
봄볕 한줄기에 앞날을 준비한다.
땅의 기억 속에 가장 붉게 물든
열화 같은 정열로 남겨진 볕의 기원
온 누리 자상한 모정 같은 한줄기다.
볕은 꽃눈에 스며들면
웃는 모습에 볼우물 터지고
살아가는 모든 것들에
지나치지 않는 어미의 가슴
파고드는 생의 축복이다.
오뉴월 보채는
불벼락에 다 태우기 전에
봄볕 한줌 땅에
묻고 떠난다.

# 목련 1

올봄엔 그대 소식 오려나,
메마른 봄날은 가고 있는데
아파트 단지 내 꽃소식 조용하다.
남매화가지 물든 지가
벌써 오래전인데
남으로 난 창가에 서면
우수수 지던 목련소식마저 뜸하다.
올해는 벗기가 싫은가보네,
산수유 가지는 피는 듯 마는 듯
목마른 그대 심정 오죽하려만
이 봄 화사한 네 모습 보고 싶다.

백목련 자목련 어울리던 옆집도
한 포기씩 남겨져 홀로 피는 봄이다.
개화의 웃음소리 너무 짧던가!
초봄부터 버선발로 달려와
보란 듯 하얀 속살 드러내더니
지난 겨울날의 시련이 길어서일까,
짧은 사연 남기고 떠나간 너는
하늘 향한 봄의 기도 보송한 손등

남겨진 가지 끝에
소복소복 매달고 오렴.

# 목련 2

뜸들일 줄 모르고
벗어부친 무명적삼

버선발로 뛰어오신
우리엄니 닮은 꽃

올봄도 당신이 아니 오면
봄이 온 줄 모를 텐데

세월은 온단 말없이
오늘 하루 물이 들고

라일락 빨간 꽃순
팽팽한 오후에

우윳빛 하늘 속에서
뽀얀 살결 고와라!

# 목련의 기도

새벽바람에 달려온
막내의 얼은 볼을
베적삼 버선발로 뛰어와
얼싸안는 울 엄마 닮은 꽃
윗마을 복수초 노루귀꽃
한데 어울려
겨울얘기 한창이더니
벌써 냉이꽃 끌어안고
통사정하는 노랑나비
한 마리 난다.
가끔 부는 헛소문 같은
바람 한 점에도
철부지 얇은 귀에 들뜬 송이들
멀리 떠나 다칠세라
뽀얀 손 하늘 향한 기원으로
노심초사의 봄밤이 간다.

# 민들레 1

버들가지 파랗게
물든 날이면
하얀 동네 노랑마을
술렁이는 초여름이 온다.
초봄부터 여행을 떠난다고
동구 밖이나 돌담길에서
쑥덕공론 수군대더니
아 오늘 결심한 날인가보다.
새로 산 낙하산이 멀리난다고
바람열차 타고 가는
배낭여행길
간이역 높은 언덕에 올라
해님의 출발신호 기다린다네!
애들아 멀리 간다 하여도
소재만은 알려주렴.
민들레 마을의
모정이란다.

# 민들레 2

새벽녘 적은 바람에도
흔들리더니
하늘이 맑아진 날이다.
길 떠나라는 회오리바람
한줄기에 무동을 타고
어디로 가냐고 묻는 말에
대꾸 한 마디 없었다.
무작정 떠난 양지 벌을
그리워하는 사이
정착한 묵정밭 모서리서
그녀는 척박하거나 천박함도
투정하지 않는다.
돌 틈사이로
예쁜 꽃을 피우면
기웃대는 이웃과 길손들
찬사 속에 한여름
붉게 타다가는
우리 누님 닮은 꽃.

# 봄이라지만

겨울 산 냉기 푸는
새봄 벌써 남녘에
노란 물감 푼다는데
지난겨울 단절의 아픔
내 인연의 봄은 아직 멀다
초겨울 산등성이
살얼음판 너와나 갈라놓고
아직도 발목절인 날
이 봄 내발등 위에
소복이 부은 채
풀릴 줄을 모른다.

사랑이 무어냐고
되묻는 봄볕은 벌써
벚나무 가지에 엉겨 붙어
귓속말을 주고받네.
나 너의 들 밀담도 모른 채
이 벚꽃 다 피거든
저 높은 가지 휘어잡고
잎도 피어나라 춤이나 출까.

# 새봄

파고드는 봄볕이
남겨둔 고향마을에
찢긴 내 유년의
창을 두드린다.
먼 시간 속에 헐벗은 어머니
종종걸음의 낡은 버선발
젖은 채로 내게 온다.

고함소리 잊은 폭포도
이 봄에 결박을 풀고
화합하는 강으로 간다.
생동과 화합은
새로움을 잉태해서
새봄인가.
몸 푸는 강물과
언덕 위의 파란 대화가
버들의 교향곡 지휘 속에
새롭고 싱그러운
동행의 발소리 잠시
머물다 간 자리.

# 봄은 햇병아리

햇병아리 톡톡~톡
말랑한 부리 끝에
씨앗 한 톨 쪼려고
맴을 돈다.
햇볕은 잘한다고
보송한 털 속으로
따스한 손길 밀어 넣네.

민 날개 파닥파닥
추울까봐 보듬는다.
해님이 해찰한 사이
데구루루 구르다가
지어미 찾는 소리에
겨울한철 닫은 귀청들
화들짝 놀라 잠을 깬다.

봄볕 머금은 흙 한 덩이
또그르르 구르는 양지
아지랑이 환상곡에 맞추어
보일 듯 면사포날개로
흰나비 물 잣는 장다리 밭

한 쌍의 춤판이 아쉬운 봄날은
뒤통수만 남기고 돌아서간다.

# 아기의 봄

찬바람 가시지 않은
버들가지
눈뜨라고 흔들리면
새 봄이 온다는 기별인가,
실개천 물소리도 다정하다.
한겨울 골짝마다
긴 잠에서 깬
도랑물 찬 손들 잡고
강강술래 한다.
이 골짝 저 골물 만나서
반갑다고 재잘거리네.

아직은 귀가 시린데
낯익은 개구쟁이들
냇가로 나와
얼음 보다 찬
물속을 뒤적이네.
휘젓는 찬 물속에
벌써 봄 냄새 품고 있나?
때 절은 묵은 옷 헹구어서
탁탁 터는 저 비둘기.

# 춘정

급하게 왔다가는 봄날
알면서 모른 체하기란
이렇게 가슴 아픈 짓인 줄
왜 미처 몰랐을까.
웃고 있어도 마음은 슬프고
이런 정사(情思)에 익숙지 못한
나는 어쩌란 말인가.
수만 송이 흐드러진 봄꽃이
다 지기 전에
우리 이제 다짐하자.
좋아하면 좋은 대로
표현하고 살자던 네 말
진심 한 올 남았거든
뒤도 한번 돌아보자.

그대 잠시 머문 자리에
이제 우수수 벚꽃이 진다.
꽃잎 밟고
가는 봄이 미워라.

## 봄비

메마른 가슴
보듬는 봄비가 온다.
살가죽 말라붙은 가지 끝
혈관을 다독이며 내리는 봄비
얼마의 기다림인가.
긴 겨울 터널 끝에
매달아둔 약속 하나 지키려 온다.

고난의 길 사막 눈 속
허덕이며 헤매다가
행여나 작은 약속 잊을까봐
태양은 가끔
얼은 가슴을 녹여줬지.

모진 구름 태양마저 가린 날은
숨통을 막아 버릴 듯
조여들던 눈송이들
이제 화해의 시간이 오려나보다.
간밤 우울한 하늘에 쌓인 근심
풀어내는 봄비가
부르튼 땅거죽 파고든다.

아직은 찬 손에 생명의
끈을 당긴다.

# 늦은 봄 밤비

오월중순 추적대는 밤비
봄날이 가는 소린가.
여린 새순 목을 빼고
넘겨보는 담장 위로
피울음 터트리는 장미
심장마다 붉게 타는 밤
그님이 향기로 찾아든다.

녹슨 창틀의 돌쩌귀를
활짝 열고 맞으려 해도
부르튼 세월의 더께가
뒤엉겨 삐걱대는 소리만 난다.
가는 봄비 타고 머문 밤은
먼 환상처럼 돌이킬 수 없다.
못 다한 후회가 해묵은 덩굴에
경계를 넘어 피는 송이들
한줄기 자비처럼 달래며
온밤을 적신다.

# 봄은 틈 속에서

봄이 오는 들판에는
틈 없이 매끄럽기만 한
위로 치닫는 나무들 있다.
겉껍질 세월의 부르틈마저
틈 하나 군더더기 붙을까봐
모진 비바람과 싸울 때면
번번이 이겨내는 나무의
주위는 냉소 같은 고요만이 있다.
빈틈이 없어 씨앗이거나
작은 미물마저도 머물러
공생할 수 없는 발붙임마저 거부한
벽오동 껍질 같은 삶이 있다.
항시 푸른 빛깔로 우러러 뵈지만
정녕 너는 틈보다
고칠 수 없는 흠으로 오늘도 산다.
오는 봄날에 흠 하나 버리고
지난겨울의 흔적인
터진 틈을 감싸고 다독이자.

## 시샘처럼 오는 봄

마른 가지
흡사 죽은 듯 느낄 때면
봄은 고루 쓰다듬고 다독인다.
연삼일 안개비 뿌리다가
미동도 않는 가지 잡고
거칠게 내두르는 저녁바람에
구석마다 쌓인 투정들
팽개치듯 묵은 잔재가 흩어진다.
준비 덜 된 가지에
쏟아 붓는 열정도 때론 버거워
감당치 못해
꽃샘추위로
타는 가슴, 봄꽃을 잠시 달랜다.
4월은 화사한 충동 널브러져
모처럼 핏기 돌던 목련마저
격려와 힐난 속에 망설인다.
깍지 벗은 철부지
뽀로통 내민 입술이 차다.

## 삼월에 내린 축복

누가 이 땅에 홍건한 눈물로
메마른 삭신의 찬 얼굴을 보듬는가.
지난겨울의 야멸친 꾸지람
살점을 뜯기는 힐난마저
발 묶여 결박인 땅에 선 채로
알몸 반항 한 번 못했다.
순진무구한 인내 끝에 찾아온 삼월은
정녕 지나칠 수 없었나보다.
진정한 사랑이 성수가 되어
한 모금까지 살 속에 파고든다.
연삼일의 진득한 눈물 사연이
이렇게 많은 생명을 잉태한 기도이던가!
만물의 희생으로 사는 명줄들
얼마의 정성으로 견뎌야 한다는 암시일까
침체된 나의 가슴에도
눈물 같은 삼월이 젖어든다.

# 실개천

두고 온 고향 산천에
오늘도 실개천이 솟아 흐른다.
태곳적부터 꾸준한 집념
퍼 올리는 생명 한줄기
수만 마지기의 논을 채우고
수많은 다랑논배미마다
건사한 목숨들 부지기수다.
대처로 가거나 대양을 건너거나
출셋길에 나선 자들 많지만
엄마의 가슴처럼 뭉클함이
솟는 둠벙 배미를 잊었을까.
깊은 강 푸름의 근원마저
실 같은 한 가닥 솟아올라
생명의 샘 이루고
그 샘 끝없는 의미와 사명감으로
오늘도 한없이 등 밀리고 있다.
잉태의 꿈을 갖고 실개천은
불변의 출렁거림과
넘실대는 부푼 꿈 안고
푸른 들판을 적시고 간다.
하늘과 맞닿는 바다를 향해

꾸준히 변질을 거부한 채
일편단심 탐하거나 충동 없이
세대를 따르며 생명을 키운다.

# 사월의 춤

그가 떠난
흐드러진 벚꽃 길에서
나는 황새처럼 춤을 춘다.
어울린 춤사위 속엔
너와 함께 즐기던
그 모습은 없다.

별난 인연의 짝도 아닌데
모두가 같은 봄날의 춤판에서
낙화의 아픔을 딛고
나는
왜 우두커니 찾고만 있나.

조그만 손으로 박수치며
헤프게 웃던 네 환상에
사위를 놓칠 번했지.
이봄 가기 전
네 작은 가슴을 안고
늦봄에 한번 덩더꿍 덩실
살풀이춤을 추자!

# 사월이 오면

사월이 오면 내 작은
귓전을 때리는 소리
겨울잠 깨우던 날
마산바다 치솟은 유혼
오십여 년 흐른 지금도
유황처럼 불꽃이 탄다.

바위틈 몸 비트는 뿌리들의 아픔처럼 사월은 꽃의 신호탄 무리지어 오른다. 역사와 생명의 갈림길, 혼 불을 피워낸 달이다.

피멍든 줄기의 갈망
아우성의 골짜기
환호의 꽃 사월은
앉은뱅이도 세울 듯이
목마른 절규의 가지에
붉게 타는 송이들.

# 2부

# 금낭화

호젓한
산골길에
누가 잃은
주머닌가?

새빨간
복주머니
동전 몇 닢
들었을까?

산 넘어
손자 집 가다가
허리춤서
빠졌나?

# 접시꽃

시골집 할머니 댁 장독대 줄지어선
빨강 하얀 접시꽃 해마다 곱던 여름
청결을 다투며 피는
용모단정 꽃 접시.

말매미 울어 들뜬 뒤뜰은 한적하고
차례를 기다리며 꽃잎을 터트리던
지난해 피던 줄기에
올해 다시 붉은가?

숨차던 고갯길에 뚜벅 걸음 앞세우고
함께 가던 엄마마저 떠나신 고향집에
두서넛 남은 줄기에
두서없이 피었네.

# 도라지꽃

우리 집
작은 텃밭
간밤에
피운 꽃들

하늘에서
떨어졌나!
하얀 별
군청색 별

골고루
어울린 악보
벌 나비의
합창단.

# 바람 타는 연(蓮)

밑동이 덩그러니
올려 붙은 미니 치마
바람이 살랑이면
시원도 하겠지만
엉덩이
내두르다가
칠월장마에
다칠라.

진흙땅 발을 딛고
조급히 치닫다간
땡볕에 노출되면
연한 살갗 데일라.
망울진
보랏빛 연등
네 혈육을
지켜라.

# 환생의 꽃

흉허물 쓸어 모아
온몸으로 감싼 채
칠월이
물들이면 자비향기 짙어진다.
부처님 연화대마다
푸른 하루 새롭다

절망의 순간에도
생명 하나 키워내는
얼마를
참고 견뎌야 저리 고운 꽃 한 송이
암흑의 시간이 가면
환한 등을 켜는가?

인당수 짠물에도
환생의 꽃 피운 전설
효심은
경계를 넘어 두 세상 오가는가!
사바의 못 지운 그리움
연꽃 속에 머물다

# 묵정밭

개 망초 무성한 그 밭에 가면
한때의 옥토는 이제
늙은 마녀처럼
지난 세월을 잊고
업보인 양 헐떡인다.
떠난 사람 기다리다 지쳐버린
감나무 고목만 홀로
밭둑에 남아 지키다가
눈물 같은 감꽃만 떨구고 있다.
젊은 날의 기억을 버리지 못해
희망 한 뼘씩 키운다고
자존심 같은 공간 확보에
비쩍 마른 체구에 해거리한다.
올해도 만나려는 열망 하나
오뉴월 그리움이
노랗게 핀다.

# 선운사

오백년 전설들이
한꺼번에 쏟아진 뜰

붉은 살점 흩어놓고
속죄하는 숲속 군무(群舞)

풍경은
독경에 빠진 선승(禪僧)
해탈의 길 가자는가!

오간 세월 군살 박혀
얼룩진 산길마다

동백아씨 떠난 후로
미로 찾아 헤매다가

상사화(相思花)
불붙는 여름날
도솔암(庵)도 태우겠다.

# 상사화

몇 천 년의 약속인가,
슬픈 사연 사내들의 화신
못보고 떠난대도 피우리라.
가을에 맺은 약속
지키려는 희망 한 포기
봄을 찾는다.
꽃 진 자리 열매 맺듯
잎이 지면 꽃이 피지
한여름 규수 방 뒤뜰에
내려선 요조숙녀
연분홍 입술에 상사화
기대와 순결한 사랑을
꿈꾸며 피네!

선들바람 부는 산사에
붉은 머리 머플러,
이루지 못한 사랑을 찾아
손사래 치는 초가을 꽃무릇
임 그리는 꽃이 되어
풍경소리 귀를 열어
오롯이 꽃대 세워 사랑 찾는다.

떠꺼머리 두 손 모은
사내들의 염원 속에
절규처럼 피는 꽃

# 고향 산바람

윗동네 아랫마을
산천은 그대론데

석양에 찾아들던
그님은 어데 갔나!

유년을
흔들던 바람
아직도 그대론데

주체 못할 여름더위
이 바람에 씻겨가고

낯익던 그 얼굴들
타인되어 돌아와도

바람은
정든 땅에서
터를 잡고 살았구나.

## 약속

나 당신 그리운 날
봄꽃 같은 약속을 하자.
풀꽃반지 주기엔
아직 이른 봄날이지만
기다림에 지친 나는
어찌하면 좋다는 말이냐.

내일은 내 생애 하나뿐인
세상구경 온 날이란다.
못 본 지 벌써 반년이 되는데
어느새 너는 잊었단 말인가.
단출한 우리 셋 옛정을 모아
정담 한번 나누렴.

몸소 따온 송백(松柏)도
가져가고
화창한 대로에서
꼭 너를 기다린다.
틀어진 일정 속에
방황의 하루를
나에게 안기지 말라.

# 열대야

밤에만 오는 단골손님
응답 없는 그대마냥
소통도 마다하는 당신의 마음
왜 진즉 숨긴 속내 몰랐을까.
침묵으로 일관하는 너
그대가 미운 이런 밤에
진실한 작은 대화마저
고마운 줄 왜 그땐 몰랐던가.

계절 가면 놓아줄까
불통의 밤 불길만 휩싸인다.
가슴 탄 열망의 잿더미 위로
아직도 귓가에 남은 그날의
작은 대화마저 그립다.
이 밤도 찜통을 끌어안고
그대 오실 새벽녘까지
기다리다 선잠 든다.

# 인연의 강

저리 고운 낯빛으로
강을 이루며
넓은 벌 한 가슴에
안고 가는가.

돌아보는 굽이마다
생명을 키워내는
소용돌이 둔치 길섶 위로
봄날이 온다.

우연의 홀씨이거나
필연의 파종일까,
인연은
아름다운 사랑 한 송이

길 따라 곱게 피는 웃음꽃
흐드러진 가지 위에
단단한 결실 하나
씨앗을 맺는다.

# 꿀벌을 보며

꽃피는 계절이면 설왕설래 흔들리는 것이 마음만은 아니다. 챙겨서 끝내야할 시기라고 삶의 날갯짓들 바쁜 하루다. 명분 뚜렷한 전술, 꿀과 향기로 준비하는 계절이 와서야 벌과 나비 나방들의 생애를 본다.

나비처럼 꿀만 챙기지 않았을까? 벌같이 양득의 세월을 공유했을까? 나방처럼 특수 종에만 집착하지 않았는지, 서둘다 수정 못한 꽃잎 땅에 쓰러진 단명의 나신들, 초여름 비가 내린다.

낙화가 되기 전에
어서 반려를 찾아
튼실한 줄기에
씨방 하나 키우자
죽지 성한 계절에.

## 내 고향 그 집엔

옛 기억 가다듬고
반백년 더듬으면
없는 듯 숨었다가
보란 듯 나타난
솔바람 한줄기 인다.
아주 먼 곳에서 불던 바람은
날 오라고 당기면서
옛길 가잔다.
멀어진 시간 속에
흩어지는 형상은 울음뿐이다.
서까래만 비쩍 마른 노모처럼
다시 설 힘조차 없이 버틴다.
덧없이 망가진 시간 속에
옹색한 방 한 칸 서성이고
그대 사랑한 시간만이
영원으로 무장하고
가슴에 다가온다.
돌 밑 질경이만
무성한 옛 추억이 두어 평이다.

## 이소(離巢) 준비

차가운 이른 봄날엔
날개를 가진 것보다
발 묶인 묵은 생명들부터
이소 준비를 한다.
자력으로 떠나는 이소에는
시간과 고뇌 준비된 용기가 있다.
힘 부친 날개에 바람이 부르면
온 산천이 꿈틀댈 시간에
충동의 발길로 떠나지.
문밖에 내놓은 난들이
때 이른 외출에 서리를 맞고
꽃대까지 벌겋게
얼룩덜룩한 봄날이다.
얼음 끼 벗은 키위줄기도
접붙인 가지만 붙잡고
겨울꿈속을 헤매고 있다.
어서 눈 뜨라는 햇볕 한 줄기
내리는 뜰에 서면
자력에 떠나는 생의 대견함과
망설이는 문주란 겉껍질도
못 벗은 채 초여름이 오려나보다.

# 이소(離巢) 둥지

여린 날개 사이로
궁금한 바람 한줄기 다녀간다.
보송한 솜털이 곤두서서
살갗을 쓸어주는 유혹이 간지럽다.
보란 듯 뽐내는 어미의 찬사 속에
한 발짝 뗄 때마다
성공의 박수로 먹이 하나 준다.
명줄의 경쟁 이소의 때가 되면
온 숲이 소란하다.
경쟁과 돌봄 속에
내일의 진전이 있다.
보모처럼 길러낸 뻐꾸기 둥지엔
오목눈이 눈치를 살피는
산판이 심난하다.
둥지 곁에 가끔 울어주던
어미의 목소리 찾아 떠나는
행동 없는 그럴싸한 빈말만
뻐꾸기 둥지를 맴돈다.

# 그리움의 순간

당신 찾아 가는 길에
닮은 몰골만 보아도 반갑고
혹시 돌아보지 않으려나
기다리는 시간도 살갑다.
아닐 거라는 생각이 들 때쯤에
당신집 앞 버스는 서고
행복했던 순간마저 사라졌다.
받아 주지 않는 빈방엔
노크소리만 슬프다.
둘러봐도 외길뿐인 이 밤
변방 오지에 두고 갈 마음
천근처럼 매달린다.
그리움의 순간은 혼자 울다
지친 다리를 끌고
앞만 보고 갈 뿐이다.
내 맘 더 깊은 수렁 속으로
몸마저 삼켜 버리는 그리움
마수에서 벗어나고 싶다.

# 마음

내 집엔 가끔 다투는
두 가족이 산다.
그는 옳고 그름
선과 악이다.
불쌍하면 돕고 싶고
약한 쪽이
이겼으면 하는 맘과
너무 잘나 파죽지세로
해치우면 질투가 나고
마음속 선과 악이
싸우고 산다.
판가름 바로 나겠지만
우린 두 길에서
가끔 망설이지.
시간이 좀 지체한다 해도
살아갈 방법을 찾는 사람과
핑계를 대는 사람 중에
내가 갈 길이 정해진다.

# 인연의 끈

봄날의
나비처럼 날아와
찾아든 인연
당겨야 오는 연과
놓아도 더 높이
오르는 연이 있다.
아른대는 그리움
봄날 춘곤증보다
빨리 찾아와 가슴 저미다,
같은 것끼리의 끌림과
다른 것끼리의 밀어냄도
통하지 않는 섭리처럼
어느 날 가슴을 점령한 채
떨치지 못한 미련도 인연인가.
좋은 인연의 끈이 많아
삶은 오늘도
그나마 돌고 있는가.

# 무지렁이

유년의 그녀는
예쁘다는 칭송에 들떠서 살았다.
매료된 사내들에겐
그도 처음엔
빛 좋은 강정이 아니었다.
나름의 꿈은 영글고 있었지만
잘못된 인과관계
어쩌다 주신(酒神)에 빠져든 후
욕망을 좇아가는 요물이 되다,
반복의 구렁텅이로 빠져들고
몸부림칠수록 짜릿한 쾌감
들과 산을 그물질하는 푼수다.
사내들로 인해
가장 큰 피해자는 누가 될까,
간혹 바로 가라고 채찍을 든 자도
노여움만 안고 떠나갔다.
타인을 철 들이기란 시간낭비다
세월에 묻힌다지만
심신은 가혹한 상처뿐이다.

# 그 집 앞

오늘도 그 집 앞엔
비가 내릴까, 바람이 불까
봄부터 싹튼 내 맘
계절 따라 머무는 곳.

봄 : 봄날엔 이슬방울
영롱한 그리움으로
너의 옷걸이에
목매고 있네.

여름: 억수처럼 퍼붓는
소나기 지난 후에
분꽃 한포기
너의 창가에 오색등
밝히고 싶다.

가을: 황금물결 시샘하는
논둑길쯤에
너의 대문을 지키다가
색동치마 감잎 물들면

지나는 네 발길에
작은 바람으로 감기고 싶다.

겨울: 고민하던 대지마저
은반 속에 잠들면
불 꺼진 너의 창가에
촛불 하나 밝혀놓고
안녕과 신춘을 기도하리라.

# 바람

그 바람 누가
잡는다고 설쳐도, 이미
사월 무 바람 들듯 한 것을
폐부에 들은 바람은
빼면 그만이지만
헐렁한 허파꽈리가
제 자리를 잃었다.

심장 속에
파고 든 바람은
쉽게 지워지지 않는다.
오늘도 허기진 맘으로
또 다른 바람이 보이는
욕망의 그늘을 찾아
안절부절 한다.

# 헛바람

바람 잡으러 나선다.
솔개처럼 날개 벌리고
더 많이 잡으려고 날아오른다.
바람은 언제나 등을 밀고 있지.
먼 산 너머 바다가
보일 때쯤
나를 잡아당기지.
가까운 것들에 대한
집착만은 버리라 해 놓고
얼마를 더 밀리고 당겨야만
내 가슴 헛바람 재울 수 있나
그리웠던 지난 세월에
분에 넘친 바람들 있었기에
하루는 긴장과
안녕이 있었나보다.
석양엔 자주 일던 헛바람마저
뜸 들이는
저물녘 바람으로
고요한 호수에 머물고 있다.

# 묘한 거짓말

귓속을 후벼 파는
거짓말은 구미가 당긴다.
한 번도 안 했다는 그녀와
단 한 번만 했다는 그 남자
둘 중에
진실이 있을까?
참 묘하다.
그놈의 귓속은 요지경인가
은근슬쩍 꿈틀대는 소리들
삼키고도 시치미를 떼네!
시치미 뚝 뗀 자리
새싹 하나 돋네.

# 조급한 골드키위

바람 한 점에도
온몸이 풀리는 사월에
우리 집 잘난 골드키위
초봄부터 궁금증에
눈두덩 부풀어서
옆집 담장 넘어다본다.
꼭꼭 잠긴 창틈으로
기쁜 소식 들릴까봐
파란 귀가 돋고 있네.
까탈의 여왕 키위나무
짝 없이 무성한 욕망의 그녀
은행은 마주만
.보아도 열리는데
기필코 짝을 찾는 집착의 나무.
송신중에 서둘다가
벌써 계절 앞선 꽃을 피운다.
건너편 하늘에는 헛배 부른
이팝 꽃 왕창 지고 있었다.
올봄도 기다림을 놓친 골드키위
미완의 눈물로 땅에 눕는다.

# 3부

# 억새꽃

시월의 산등성이
실바람 손짓하면
은빛소식 물결치는
얄팍한 가슴속에
헤집는
까슬한 네 모습
말간 하늘처럼 차다.

산비탈 허허로운
산등성이 숨차오면
거칠고 모진 정도
소슬바람 한 가닥에
홀연히
떠나온 길에
사막 눈을 뿌린다.

## 갈대의 변주곡

겨울바람 한쪽으로
몰아쳐도 차기만한데
헐벗어 남루한 벌판에
서서 잠든 빙판 위로
방향 없는 바람만 불어
낡은 등줄기를 흔들어댄다.
눈보라 치는 날은
혼돈 속에 네가 오라 하지만
따라갈 엄두도 못 낸다.
만신창이
산발한 채 얼붙은 옷자락
허리가 꺾일까봐
몸을 낮춘다.
겨울 갈대는
몸이 찢길지라도
색깔을 바꾸지는 않는다.

# 가을 길에서

이 가을 그대 간다는데
예고도 없이 간다 하는데
우리가 온 길은 시간에 묻혀
돌아갈 길 없는데
나만을 남긴 채 정말 가는가.
안개마저 자욱한 새벽길
그대는 지표도 모르면서 간다.
지금 우리 이정표라도 있었다면
가는 길 마주보고
격려라도 할 텐데
무작정 벼랑길에서
물소리 바람소리
경계도 없는 길을 간다.
나는 왜 갈 길 먼 석양에
쫓기고 있나

# 초가을 아침

무서리 풀잎 적신 새벽
봄부터 울부짖던 개개비
아직 홀로 울다가 목쉰 소리
돌다리 밑에 미끄러져 웅성댄다.
무지렁이 소주 몇 잔의
무용담에 날밤을 샌 듯한데
아직도 귀 기울이는 동행이 있다.
새벽을 열고 등짐 하나
홀가분 떠나는 마음들 모여섰다.
아직 매연 덜한 이런 새벽길
찾을 수 있어 다행이다.
가끔 다리 위를 달리는 찻소리
덜커덩 덩치가 큰놈과
사르르 한평생 조심으로
달리는 차속엔
화합과 불화의 차이겠지만
한세상 많은 생각들 분주한 아침이다.
인사성 밝은 사내가 하루의 안녕을 빈다.
사지를 나비가 퍼덕이듯
내젓고 걷는 사람처럼
진짜 불편한 사람도 있다.

풀 섶 길을 헤치며
극복이란 단어에 목맨 사람들,
모두들 더 나은 길을 찾다가
시간에 쫓겨
주저앉는 날까지 가야 한다고
오늘 또 다른 해가 뜬다.

# 가을 저녁의 안위(安慰)

귀소의 시간 저녁
밤으로 가는 징검다리, 간이역
살아있는 생명의 활력소인
오묘한 시간 저물녘이다.
한낮의 왁자한 발걸음
잦아든 고요 속에
갈 길 바쁜 하루가 저물고
빈 둥지 껍데기에도 안식을 채운다.
동구 밖 고목은 상처투성이
어느덧 가슴 아픈 둥지 몇 개
썩은 옹이를 품고 산 지 오래다.
고목은 삭신이 잘리고 팽길 때마다
초설에 심난한 발자국 찍어대는
하룻강아지의 난장판도 보았으리라.
이 밤 그나마 꿀벌무리
둥지 튼 겨드랑이에
곰실곰실 체온 나누는
작은 마을 어귀로
안식의 밤이 내린다.

# 구만리 장천

떼 지어 날아가도
몇 백 년을 가야할 길을
혼자서 떠날 때는
순간이었구려.
짧은 세월
가슴에 쌓인 한을
어이 두고 홀가분 거침없이
그리 빨리 가시나요.
서산마루 해 진다해도
서둘지 않던 그대가
아직 여름도 한창인데 가시네요.
풀죽은 몸으로 응시하던 눈가에
갈망도 욕망 한 점마저
창 너머로 날리며
누굴 찾던 솔개의 눈길이던가.
점에서 시작, 작은 선으로 살다
까만 점 속에 숨어버린 그대
먼먼 구만 리가
우리들 가슴속 거리였나요?

## 그물망

입추 지나 걸러진 바람이
한결 시원하다.
경계도 없이 무덥던
여름날에도
분명한 선 하나 세워
헤집는 온갖 물것들
범접을 못하게 한 망
가녀린 막 한 겹이
가을 오는 아침에 대견스럽다.
소통을 허락하면서
불청이거나 해로운 것들
밖으로 쳐내는 저 인고의 덕
작은 절제의 한 올이다.
일상의 주변엔 얼마나
고맙고 보람된 삶인지.
간밤 소낙비 끝낸 아침이다.
날개 쳐진 물것도 없는 날
싱그러운 마음 한 솔기
격자 속으로 파고든다.
솜털 위로 이는
新기류가 싱싱한 아침에.

# 구월의 명상

갈증의 남쪽
바닷물보다 짠
목마름에 숨 돌린 늦여름
아직 발부리에 매달린다.
잔재를 털어버리지 못한
씨앗들 볶인 상처가 덧날까봐,
망설이던 빗줄기 속에서
실바람이 꼬리를 단다.
땡볕 속에 낯 붉히며
떠나보낸 사연도 없는데
공연히 마음 한 자락 부끄럽다.
두고 온 천리 소식이 궁금하고
칠십 령 굽이도는 물결은
아직 더운 열기를 잃지 않고
헐떡이던 생명들 보듬고 있다.
짙은 녹조 소멸은 몇 번의 소낙비
균형을 깨 틀고 쏟아져라.
여름을 사르려는 악다구니들
뜸한 오후 갈증을 밀어내다,
잠시 올려다본 구름 사이로
언뜻 주름지는 얼굴들.

# 문지기 호박

파란 줄기 애호박
덩굴 잡고 선잠 잘 때

찾아온 벌 한 마리
어깨 움찔 꽃잎 지고

속마음 따가운 가을날
희망 한통 영글다.

둥글 납작 늙은 호박
한여름 땡볕 속에

속이 타다 굳힌 결심
대문 높이 걸터앉아

황금색 완전무장에
날 파리도 못 덤벼.

# 역풍

낙엽 질 계절 앞에
웬 싹을 틔운다고
골짝에 소문만 무성했다.
한겨울 멀다하는
헛소문 때문일까,
닥쳐올 계절의 진실 앞에
어쩔 수 없었나보다.

너의 푸른 희망마저
접으라면 목을 죄는 찬바람
뒤늦은 주목, 모주의 통보에
가을은 노여움에 물든다.

모두가 떠난다고
왁자한 손사래
혼자 남은 무녀리의 열망 한 잎
철부지 가지 하나 붙잡고
울어대는 바람인가
역풍인가.

# 꼭지 도는 밤

벌레 먹은 땡감이
익은 듯 빛깔은 더 곱다.
가을에 제대로 익히는
속과 겉이 같은 감은
정해진 것에 만족할 줄 안다.
아직 익힐 날이 많을수록
인기가 있는 감 따먹기란 말
감나무 밑에는 날-파리
꽃뱀들 모여들지.
이 감은 내 거라든지
내가 따먹은 감이라며
잦은 다툼에도 맹탕인 감도 있다.
그들은 남의 손 탈까봐
연막을 친다는 말도 하지.
모욕적인 말에도 헤벌쭉한 감
뱀처럼 꼬랑지만 꼬고 있다.
따먹힌 것인지 따먹은 것인지
분별없는 밤은
광란의 발광 속에 파묻혀
립스틱만 떡칠을 한다.
간밤에 도취된 몸 밝는 날엔

제 안식처 찾아서 잠들고 있는
태연한 저 모습.

## 가을 나그네

가다가 잠시 쉬어
먼 산을 바라보면
언제 저리 고운 옷들
기워 입고 춤을 출까.
어느덧
등성이에 서면
모두가 익는 마음

푸른 날 그렇게도
성깔 따라 허둥대다
한여름 햇살 채찍
맞아가며 붉힌 열매
이제는
철들었다고
새큼 달콤 녹인다.

세월아 너는 어이
모든 것 가자하며
올가미 거머쥔 채
선택을 마다하냐.
하루란

이름 속에서
너와 함께 가자는가

# 추풍낙엽

검붉은 여름날의 열정이
거리를 헤맨다.
방황하는 것들은
왜 그리 허름한 모습으로
길에 나서는지,
때늦은 분단장도
태양은 곁눈질만 한다.
한 생애가 늦가을 비에 젖어
절명하는 순간이다.
싸늘한 어깨 감싸는 소슬바람
철 지난 계절의 포옹에
한기만 찾아드는 육신들
까칠한 잎새마다 손등이 튼다.
젊은 날의 밑그림 속에
실핏줄로 그린 황갈색 업보,
지도 한 장 남기며 간다.
봄의 약속 지켜낸 황금벌 위로
한 조각 빛을 찾아 떠나는
구멍 난 스카프 한 장.

# 가로등

골목길 홀로 서서
뜨거운 가슴으로
어둠을 밀어낸다.
혈통이 밝은 집
집안의 장자 같다.
저물녘 밀려드는
어둠의 무리들 지켜보다가
지나친 행패로 발길 잡는 시간에
아차하고 부릅뜬 눈 밝힌 자리
즐거운 만남을 본다.
담벼락 후미진 곳에
그물막을 펼치듯이
혼신으로 팔을 길게 뻗는다.
앵두 알 말갛게 익는 울안
해맑은 볼을 꼬집기도 한다.
뜨거운 가슴으로 밤새 보듬은
어둠의 세상 밝아질 때까지
두 팔을 펼치리라.

## 파도를 달래다

대양을 달려온 너는
대장부 사내이다가
모래톱 어루만지는
자상한 어버이 같다.
때론 훼방도 부리지, 둑을 뭉개고
연인들 싸인을 밀어버리네.
그건 바람 때문이라고
충동질 안 하면 자상한 부모 같다고.
거친 밤 절벽에서 포효하고
그 큰 입 거품 가득 울부짖는
너를 보면 가슴 아픈 사연
나누고픈 사람도 있단다.
달의 장난은 또 어쩌냐고
멱살 잡고 통째로 당기다가
놓아주며 달려가 얼러 주는
능구렁이 영감탱이 같다.
달엔 예쁜 토끼 산다는데
로켓에 놀랐나봐.
대풍리 바닷가 튼실한 팔다리
마라토너처럼 달려왔다가
백사장 여인을 만나

물거품 남기고 사라지는 너,
남해안 방풍림 근처까지 와선
미끈한 종아리에 헤벌레 자빠지는
너는 정말 알 수 없는
난봉꾼 사나이일까?

# 부평초

그 누가 기다려서
오라 하지 않는 물결 위에
몸을 맡기고 하늘을 본다.
뜬구름 가는 곳 어디쯤에
가겠다고 나섰지만
물 흐름 따르다보면
산그늘 지는 마을에 닿고
하룻밤의 평안이 찾아든다.
방랑에 지친 몸
서로 달래는 물웅덩이에
노독 난 다리를 풀면
물방개 배고픈 붕어까지
품속에서 젖줄 찾는다.

멸시와 무관심의 세월 속에
그나마 늘 푸른 희망 하나 키워
저 맑은 강과 생명들 기르는
부평초 한 무더기.

# 몸으로 무는 뱀

내가 너를 남보다
좋아한다는 이유만으로
순정과 사랑을 집착이라,
면전에서 깔아뭉개지 마라.
너희들은 감성과 대가만 있지,
이성마저 없는 속물이란다.
네가 끌어들인 덤불 속
길지 않은 시간이지만 즐거웠다.
그래도 넌 몇 가지만 고친다면
네 인생 한결 밝게 살 텐데.
미운 소리 욕 먹어가며 하는 뜻
너희는 꼭 태를 낸다.
수정 못하는 미완의 인생
이젠 밝은 광야로 나오라.
네 주위엔 항상 수컷이
따른다는 말도 하지 마라.
가슴 아픈 사람들 심장에 칼질 하면
그 업보 어쩌려고
조금은 자중자애하길 바란다.
가슴에 남아있는
꼬랑지 하나 버린다.

# 달팽이의 오지랖

당신이 그린 족적 훤한 그 누가
네 반쪽을 걱정하는
것이라고 생각하면
조금은 마음 편해질 텐데.
관리에 힘들다는 네 말
항상 안쓰럽단다.
조금만 자중하고 산다면
한결 편한 길 갈 텐데.
"야 오지랖도 정말 푼수구나."

내버려두렴.
더 험한 길로 가다가
바퀴에 깔려죽든지 말든지.

## 상생

입술이 이쁜 것은
말소리가 더 고와서인가
살벌한 이빨 감싸주는 입술
감싸고 보듬으니까 백옥 같다.
가끔은 트러블로,
아님 딴눈 팔다가
깨물린 적도 있다.
사랑만 주고받는 입술이지만
때론 응어리를 품고
가슴 아픈 날도 있다.
헤벌린 입술 사이에
사나운 덧니가 들어나네.
타협은 혀가 나서야 된다고
입술을 쓸어주며 달랜다.
일그러진 몰골도
고운 소리가 있어 다시 찾는다.

## 나름의 이유

윗녘에 첫눈이 내린 후
우리 집 국화꽃 향기 더 짙었다.
초여름 매실 나뭇잎에 붙어
생침을 찔러대던
쐐기 집 알록달록 예쁜 모습
빈 가지에 터 잡고 있다.
손등 짜릿한 기억 때문에
따내는데 잔가지가 부러진다.
방어를 위한 독침이던가.
그래도 등치고 간 빼는
인간사보다는 나을지 모른다.
찬바람에 구석으로 숨어든
모기를 잡다보면
생피를 뽑기 전에 경고는 했다고
이놈도 항변의 한마디 할 듯하다.
허긴 남쪽 어느 지역엔
빨고 날 때쯤 소리를 낸다는데.
이런 가을 길 나서보면
벌레 안 뜯기고
곱게 물든 낙엽 몇 장이던가.
아이야 뜯기고 물린 자리

더 짙게 채색된다지.
낙엽 한 장 쓸고 가는 석양빛
하루가 아쉬움에 붉게 탄다.

# 갈포(葛布)

침샘이 마르도록
허기가 찾아든 시절에
풋고추 날된장 찍어
덥석 씹어 먹다가 혀끝 아려
달려간 석간수 한 모금
지금도 흐르고 있다.
까막까치 왜 그리도 울던지
할머니 옛이야기 가슴 철렁했다
"산그늘 따라 큰짐승 내린단다."
오금 저려 어머니 재촉해서
갈포 짐 서둘러 챙길 때면
겉잎만 대충 뜯어내고 산 세월
허겁지겁 비탈길에 서둘러 왔다.

지난날 한 올씩 짠 성글고
매끄럽지 못한 나름의 직포에다
내 그림을 채색해간다.

# 밤 나비

어둠이 깔리는 거리에
은밀한 날갯짓으로
낯 두꺼운 빌딩숲을 누비는
너는 포로다.
크든 작든 좋든던 나쁘든
가리지 않는 마법 같은 밀어
그녀는 항상 묻고 또 묻지
사랑 하냐는 사슬의 말로
계속된 질문에 넋이 나간다.
그네의 몸은 하나인데
마음은 수십 개인가 봐.
정리 못한 사연 두고도
마음 편한 프로다.
웃으며 찾아든 그 밤의
밀어가 가슴 저미다.

# 꽃

너의 소리 없는 미소가
내게로 다가와
쫓기는 마음을
잠시 머물게 한다.

누군들 하나쯤 가꾸는 정원
피우고자 애를 써도
망울지지 않는 공허 속에
질긴 희망은 한 송이
환희의 함성으로 핀다.
볼품없이 피었다
지는 꽃일망정
잘 지켜낸 가지 끝에
갈망한 꽃이 더 곱다.

황량한 들녘 끝
밤새 핀 순백의 눈꽃은
저 혼자 가슴 시리다.

# 굽은 등 자벌레

큰 산에 들다보면
솔기마다 푸른 군락의 골짜기
오월은 융단 한 필 깔기 위해
달래는 산하가 불안하다.
짙어질 녹음마저 거부하듯
자벌레 목을 매고 시위하는 숲
그들만의 잣대로
진종일 발작의 몸 산판을 작도한다.
숲을 관통하는 햇살만 보고
한 치의 타협도 없는 외줄 위의 작태
너희가 찾는 안식의 땅은 묘연하다.
우화하지 못할 욕심 하나 버리면
더 큰 생명 키워내는 넓은 들인데
복마전 가시덤불의 계절
머리띠 붉은 장미는
오월의 철장에 목을 매고
발악을 한다.

# 바람꽃

— 아네모네 코로나리아

호젓한 산기슭에
꽃대를 높이 세운 너,
얼마나 그리웠으면
바람 속에 귀를 열고
기다리는 이름인가.
바람 불면 날개를 편
화려한 너의 모습,
부활을 꿈꾼다면서
시샘은 또 무엇인가.
너도바람꽃 나도바람꽃
오늘 또
바람 한 점 지날 때면
목을 빼고 흔들다가
하얀 입술 내게 오라고
몸을 꼬는 작태,
경쟁의 하루 속에 씻긴
조약돌도 울부짖네.

# 4부

# 엄마

그 이름, 엄마라 하면
왜 이리 가슴 짠한 느낌일까.
생전에 잘한 사람이나
못한 사람
모두가 반갑고 고마움보다는
먼저 눈물 나게 하는 이름
엄마처럼 아름답고 숭고한 삶
이 세상 모든 사람 하나같이
자기들 엄마처럼 살수 있다면
경계나, 분열, 복수란
말 없으련만.
울 엄마가 그리운 아침이다.

# 뜬구름

지금껏 아무도
잡았다는 이 없고
높기만 한 하늘에 한두 점
무작정 형태도 없이
바람 따라 간다고 나선다.
어느 산마루에 쉬어갈
계획마저도 없다.
때론 폼 잡는 형태이다가
곧 볼품없는 모습으로
종래는 살아질 물거품이다.
황홀한 한때의 꿈
젊음을 타고 날던 한 타래
허망하지만 갈구했다.
이제 잡기는커녕
상상에서 멀어져간 꿈이다.

# 겨울나무의 기도

봄이 온다고
모두들 발뒤꿈치가
들썩이도록 소란을 떤다.
성급한 나무들은 초봄부터
다투어 수액을 올리지만
그들은 각자의 능력이나
처방이 있기 때문이다.
꽃샘추위를 견뎌 낼 시련,
체액이 영하의 계곡을 건너
갈취와 핍박을 견디는 나무.
남 따라 서둘다간
겨울기도가 볕 좋은 봄날에
좌절의 한으로 남을 수 있다.
오늘은 뼈마디 부대끼는
기도로 훈풍을 부른 날
삭신에 온기를 불어넣는다.
우수경칩을 지난 나무도
털 눈감고 한 달쯤 점을 친다.
마른거죽을 되살리는 참회의 기도
합장으로 완연한 봄을 부른다.

# 겨울폭포

더 멀리 보고파서
오늘도 홀로 선 채
귀 기울이는 산천에
내 고향이 달려온다.

그저 푸른 유년의 언어들이
풀물 든 덤불 샛길에 맴돈다.
행여나 숲길 잃을까봐
폭포 골 산마루에 따라와
어서 가라 손사래 치던
먼 그날의 내 어머니.

수백 년의 언어가
대 이어 조잘대던 윗마을
소식마저 얼어버린
엄동의 하루가
궁금증에 견디지 못해
두 손을 귀에 대고
깨금발로 서있다.

## 동면(冬眠) 배추

한천에 떠는 솔가지 사이에
초승달 걸려있다.
정원 한 귀퉁이로 밀려
바람소리마저 얼어버린 날
성에마저 따뜻한 밤에
남루한 비닐 한 장 걸치고
송곳 같은 추위에 서서 잠들다.
옹색한 플라스틱 단칸방
서너 포기 신접살림 난 후
긴 겨울 가고 이제는 봄 오건만
동이에 한 포기씩만
살아남은 생의 환희다.
다독여준 구세주의 손끝에도
살얼음 박힌 새벽 추위다.
견딘 삼동이 한갓 꿈은 아닌 듯
뜨락에 한 겹 벗은 멍이도
달려와 칭송의 더운 혀로 핥는다.
봄을 품은 미생의 진념 속에
비닐치마 벗으라는 봄비 내리네!

# 하루를 살다보면

참 방법도 많은 하루
천태만상의 형상이다.
편한 마음으로
시작하는 사람과
불편한 불만 속에
오는 하루도 있다.
준비 없는 과분한 욕구가
능력과 수요
속에서 자맥질한다.
항상 단번에 해치우려는
마음속에는
동백꽃 눈물 같은
못 다한 절규가 있다.
탄생의 선물 보따리에
맞는 내용물 찾아서 헤맨다.
행복과 불행은 비슷해
망설임에 시간만 가네.
무거운 짐 힘들고 어렵지만
보람은 배가 된다지.
가벼운 짐만 뛰다가
종착역에서 허둥대는 하루.

# 폭설 이후

은근슬쩍 오는 눈이 아니다
처음부터 분명히 정한
방향과 차림새
오늘은 너에게 도전한다.
선전포고를
큰 나무 우듬지부터 전한다.
겁먹은 잡풀은 풀썩 주저앉아
속죄한 지 몇 시간
미리 머리 숙인 덤불 속엔
배고픈 새떼 가족들
오소소 떨고 있다.
천년 송 푸른 가지
솔 나무는 살아온 세월과
기개로 맞선다고 버티다가
막내 가지 하나 소실되었다.
아픈 상처에 대체할 약도 없는 계절
삭신이 흘린 눈물만이 방울진다.
백 진주 같은 저항의 덩어리는
시절이 바뀌야만 치유의 한숨이
푸른 들 훈풍을 몰고 오면
생동의 계절에 호박보석쯤 될까.

# 동목(冬木)

충동이 심한 날은
떠나고파 들썩이는 나무들
발목마저 묶인 채로
또 한 번의 옥죄는 고문
빙벽으로 밀봉하는 계절이다.
시리다는 말 잊은 지 오래고
늦가을 낙엽 질 때 그나마
남은 실핏줄 감각마저 잦아들다,
가뭇한 기억은 흔들리는 불꽃인가.
그립다는 생각마저
지우란 질책일까
칼바람 난도질에
잘려나간 잔가지들
아프다는 눈물마저
앗아간 혹한 속에
사막 눈만 분분하다.
삼동 지나 얼마쯤에
고뇌 속 투쟁들이
생을 잡고 버티는 날,
실개천 물소리에 귀를 열면
행여 기억 남았다가

봄 피우러 오는 날에
마른 가지 소망 하나 남았을까.

# 세모에 찾아든 시 한 줄

기억은 먼 길을 돌아
이제 잊힐 만도 한데
매몰찬 인연의 주체인 나를
계절 끝 세모가 되면
놓아주지 않는다.
신포동 바닷가 진눈깨비 속
홀로 헤맨 그날이
아직도 내 맘속에 산다.
반백년 세월 저쪽 그때도
나 시 한 줄 다독일 줄 알았더라면
가슴 열고 오는 당신 알았을 텐데,
세모에 이런 후회 없으련만
"바다에 메아리치는"
(빛은 빛을 도와 빛나고
밤은 깊어 젖어 가는데
바다는 밤새워 소곤댄다.
이 밤 저 별빛 따라
돌아오소서. 돌아오소서).
핏빛 사연 잊혀져가도
어렴풋 찾아든 반세기 남은 기억
시 몇 편 짓는 내가 지금에야

당신의 마음에 참회를 구하며
손끝에 염주처럼 매만진다.
못 틔운 씨앗 한 알
안녕이란 진열장에 챙긴다.

# 겨울 산

나무들 숨죽여 곤한 잠을 자다가
모두들 맨몸의 경연대회일까,
늘씬한 오동나무 곁에서
폼 잡는 벽오동 푸른 팔뚝 좀 봐.
겨울나는 작은 솔새들
한천 끝 두어 개 남은 열매에
매달고 삶의 그네를 탄다.
속심이 단단한 겨울산은
거죽만 보고 달리다가
비탈에 구를 수도 있지.
아직 겨울도 한창인데
긴장을 부추기는 바람 한 줄기
갈기를 세우고 달려든다.
시름을 달래는 검붉은 인동덩굴
눈 속에 뒤채는 날이다.
기진한 혈관을 지키려는
침묵 속 투쟁의 겨울
아직 먼 봄의 약속들로
얼부푼 삭신을 다독인다.

# 겨울비

마지막 가는 임의 흔적인가.
뒤늦게 못 다한, 미련 한 타래
아쉬워 흘리는 눈물이던가.
하늘마저 속 터지는 날은
차라리 눈이라도 내렸으면
가슴한쪽 검은 앙금 묻혀질 텐데
아직도 식어가는 몸에
풀지 못한 가슴앓이 사연이
추궁처럼 채찍의 찬비가 온다.
주위의 가까운 산들은
높고 넓은 마음의
둥그런 산등성이 위엔
새하얀 평화가 찾아왔는데
무작정 달려온 부덕한 내 뜰엔
한겨울 찬비만 가슴 적신다.

## 쑥대 같은 그리움

아주 가끔
산새들 놀다가는 산동네
어쩌다 외지사람
한둘만 지나가도
반가운 눈매다.

가끔 오는 배달부
보고픈 산처녀가 사는 마을
별나게 추운 겨울이 와도
털 신발 한 켤레면
따스한 동네.

바람 따라
도시 소식 남기고 간
작년 그 길손이 다시 오려나
봄바람에 문풍지만
설레고 있다.

# 긴 밤

너는 나뿐 아니라고
가슴에 못을 박는다.
긴 밤이 다가도록
뽑지도 못하면서
뒤척일수록
더 깊이 박힌다.

차라리 못 참겠다.
버리지나 말걸
생 못이 박혔던 자리
덧나지는 않았을 텐데
그래도 두어 가지.

잊지 못할 로맨스가 홀로
찾아든 긴 밤
잡다한 부정까지도
이 밤엔 쇠망치로
사정없이 부수고 있다.

# 생일날에

먼 곳부터 나를 데리고
흘러온 세월 한 자락
점찍은 하루가 탄생이란다.
무명으로 왔다가
이름 하나 달라고 외친 날
그날이 생일이란다.

정상의 내리막길에서
날 위해 축하하는
사람들 때문일까
한 매듭씩 내려서는
하산의 경치가 아름답다.

보아달라고 알아달라고
울부짖은 날은 가고
나라는 명패 위에
이제 웃는 얼굴에
축배의 잔을 든다.

## 맨몸 대화

꼭두새벽 대중탕 중년의 사내들, 살아온 이야기들 귀를 자극한다. 평탄지 않은 경험담들 시끌하다. 역시 생각을 많이 하고 살아온 사람일수록 돋보이는 탕안 맨몸에 젖은 귀 옹기종기 듣다가 젊음을 당당히 세우고 들어선 건장한 체격에 은근슬쩍 눈 돌리고 잠시 멈춘 입담들 저 정도는 돼야 꼬맹이 미끄럼방지 손잡이가 되지! 깡마른 맨몸의 애기엔 이제 반딧불처럼 처량할 뿐이다.

밤은 맨몸의 둘만의
대화가 있어
세상은 돌아가나 보다
생 땀을 뽑는 모래시계가
벌써 나를 찾네.

# 석양에 열차를 타면

솔잎향기 그윽한 경부선 천릿길
기적소리 울적마다 종점이 가깝구나.
모퉁이 돌아서면 명이네 집일까
저녁연기 모락모락 정이 흐르고
작은 터널 지날 때면 어제 그립고
긴 터널 다가오면 옛날로 간다.

공굴 다리 밑 조약놀 줍넌
아이들 웃음소리 숨어있는데
스팀열차 기적소리 멀리 떠나고
금속성 날카롭게 경적 울린다.
뿌아앙 모퉁이 돌아서면 한 역 지나고
산딸기 어우러진 양지 벌 지나
네댓 역 남겨놓고 날이 저문다.

아련한 기적소리 어제 같은데
문명이란 성장의 뒤에 숨겨진 70년
저 한 무리의 행락객이 타고나면
두 줄기 곧게 뻗은 철길 따라
충혈 된 눈 부릅뜨고 차는 가잔다.
큰 바다 닿는 곳에 가자고 한다.

# 합류의 꿈

기약 없는 물결에다
작은 배를
띄워놓고
오늘도 흐름 따라
구름 한 점 따라가다
어쩌다
그리움 잦은 곳에
맴을 도는 저 물빛.

산등성 쓸어안고
보듬는
비구름은
몇 날밤을 뜬눈으로
서성이다
잠든 시간
살 풋잠
순간이라도
삼각주를 이룰까.

## 무명을 달래는 곡

산딸기 물러터진
유월의 하늘가에
개망초 둑길 따라
들어서는 산허리
해마다
늙은 휘파람새
올해 또한 슬프구나!

긴 세월 낡아버린
가슴속 흔적마저
유월의 성난 녹음
묻혀버린 무명의 묘
휘파람
목이 잠겨서
포탄소리 곡을 한다.

세월 강 폭풍우에
쓸리고 파헤쳐져
해마다 찾는 명줄
내년엔 못 올까봐
깊은 숲

숨어 토하는
비명 섞인 곡소리.

# 짖기가 어려워서

얼뜨기 울 강아지
반년이 다되어도
짖을 줄을 모르더니
현관문 나서며는

어디가 책 읽으라고
북북북 책만 찾네!

대문에 매달리는
애들보고 짖으라면
아직은 낯설다고
꼬리만 살랑대더니
오늘은 웬일일까요?
가
가
가
가라네요.

# 미명(未明)

먼동에 등 밀리는 새벽하늘 저 멀리
태양의 숨소리가 지축을 가르마 타면
이제야 검푸른 바다
가슴을 들먹인다.

물 잦은 갯벌 저편 수평선 동쪽 끝에
한자락 젊음의 나래 다소곳이 소망 모아
지구를 붉게 태우는
사랑으로 보살핀다.

먼 바다는 단하나의 태양을 끌어올려
서쪽부터 드리워진 어둠의 장막 찢어
만생의 삶의 터전을
미명으로 밝힌다.

# 고사목

왁자한 시간의 발자취들
산마루에 맴도는 계절이다.
눈 덮인 겨울이 오면
작은 목을 내밀고 살피는 하루
산등성이 어디쯤에
아직도 푸름만을 고집하며
놓지 못한 씨앗들 끌어안고
북풍에 시달리는
상록수 가지가 더 파란 날이다.
돌아보지 않으려 애를 써도
하나둘 묻히는 발자국 속에
작은 추억들 묻어온다.
푸른 날 온 산판 아우르며
여유로운 바람과 무동을 타고
보란 듯 파란 위세 휘두르며
삼라만상 호령하듯 살아온 나무
새 줄기에 맡기고 갈 시절이다.
밑동에 쌓인 미덕의 부토
그 속에 새 생명마저 없다면
계절은 차가운 매질로
추궁처럼 빙벽을 만들겠지

생각할수록 아찔한 순간이다.
발치에 매달린 여린 줄기들
젖을 빨듯 온기가 느껴진다.
겨울 산 잘 삭은 고사목 아래
간절한 햇살 한 줄기 파고든다.

# 얼굴과 낯

돌담길 들어서면
나붓한 얼굴 하나,
녹슨 그넷줄에 매달린다.
두어 줄 남겨진 경쟁의 세월
얼마나 차갑고 매서운
칼바람이 스쳐갔으면
자국마저 깎인 채로
부르튼 손잡이들 덩그렇다.
서로 어우르던 해맑은 얼굴들
이제 저 줄처럼 텁수룩한 몰골
그보다 더한 시련의 골짜기
깊은 잠에 든 자도 있겠지.
얼굴엔 창들이 많아
나를 위해 살피며 살다가
남을 위해 보라는 섭리일까,
누구나 달덩이 같은 세월은 가고
낯만을 좇아가다 망가진 얼굴
한 삶이 허탕 칠 줄이야
때론 얼굴 없는 천사가 있어
황량한 세상에 등을 밝힌다!

# 잡초

짧은 시간의 틈새마다
봄볕 살며시 기웃대면
온몸을 웅크리고 버틴
겨울 삭신도 풀린다.
고뇌의 씨앗들 싹 트라고
봄날에 산비둘기 두런대다
귀 밝은 잡초가 먼저 깨어나면
지난밤 봄비에 들판이 몸을 푼다.

생명의 탄생엔 선택이 없고
운 좋아 최상의 착지라 한들
방치와 거절만의 살벌한 발길에
도륙과 뭉개질 운명도 있다.
천길 벼랑 끝 잡초 한 포기가
보란 듯 가슴 펴는 잎사귀
태양빛 뜨거운 날에
돌보지 않아도 성숙하며
반짝이는 저 왕성한 기개들.

# 진정한 아름다움을 위하여
## – 배정태 시인의 시와 삶

문학평론가 리 헌 석
(사) 문학사랑협의회 이사장

### 1. 인연의 소중함에 대하여

배정태 시인은 1942년 충청북도 영동에서 태어나고 성장한다. 철도청 공무원이 되어 130만km를 무사고로 운행한 기관사로서 홍조근정훈장과 대통령 표창을 수상한다. 철도청 퇴임 직전부터 그는 후반기 인생을 알차게 살아내기 위하여 심사숙고를 하던 중, 1998년부터 한남대학교 사회교육원에 개설된 문예창작 강좌를 수강하면서 문학 창작의 길을 걷는다.

시와 시조를 창작하며 문학의 지평을 넓히던 그는 1998년에 《옥로문학》 신인문학상을 받고, 2002년에 《가람문학》에서 시조 신인문학상을 수상한다. 시조 창작과 시 창작을 겸하면서 첫

시집 『금강에 살으리랏다』를 발간한다. 이어 2003년에 문학전문지 《문학사랑》 시조부문 신인작품상을 수상하여 등단하고, 시집 『비단강 쏘가리』를 발간한다. 이후 문학창작에 매진하여 시집 『적도에 이는 바람』, 시조집 『낙엽은 또 다른 약속』을 발간하여 여러 문학상을 수상한다.

이처럼 문학 창작에 매진하고 있는 배정태 시인과 필자는 소중한 인연을 간직하고 있다. 첫째, 필자가 발간하는 《문학사랑》을 통하여 배정태 시인이 등단한다. 둘째, 이후 발간한 세 권의 시집 발문(해설)을 필자가 집필한다. 셋째, 배정태 시인의 자녀 결혼에서 필자가 주례를 맡는다. 이런 인연을 바탕으로 우정을 나누며, 형제와 같은 마음으로 대전에서 문학의 텃밭을 함께 가꾸고 있다.

특히 2017년에 대전문화재단의 우수작품집 발간 지원을 받아 배정태 5시집 『봄볕 잠시 머물다』를 발간하게 되어 다시 발문(해설)을 부탁받는다. 이에 필자는 송무백열(松茂栢悅)하는 마음으로 독자보다 먼저 작품을 감상하고 간략하게 소개하고자 한다.

## 2. 목련이 여는 봄의 이미지

뜸들일 줄 모르고
벗어부친 무명적삼

버선발로 뛰어오신
우리엄니 닮은 꽃

올봄도
당신이 아니 오면
봄이 온 줄 모를 텐데

—「목련 2」 일부

배정태 시인의 5번째 시집 『봄볕 잠시 머물다』 1부에 수록된 작품이다. 사물에 대한 직관이 독자적이면서도 우리 겨레의 정서를 담고 있다. 목련은 추운 겨울 내내 꽃봉오리를 갈무리하면서 봄을 맞는다. 설한풍에 떨면서도 어느 봄날 환하게 피워낼 꽃봉오리를 지켜낸다. 그리하여 봄이 오는 초입(初入)에 돈오돈수(頓悟頓修)하듯이 꽃봉오리를 열어 제킨다. 이런 모습을 〈뜸들일 줄 모르고/ 벗어부친 무명적삼〉이라고 그려낸다. 약간 외설적 경향으로 수용될 수도 있는 표현이지만, 〈버선발로 뛰어오신/ 우리 엄니 닮은 꽃〉에 이르러 격조가 높아진다.

이 작품의 백미(白眉)는 종장(終章)의 '당신'이다. 목련꽃이자 어머니의 보조관념인데, 꽃의 물성(物性)과 어머니의 인성(人性)이 결합하여 아름다움을 생성한다. 이어 둘째 수의 초장(初章)처럼 〈세월은 온단 말없이〉 찾아와 '오늘 하루' 그리움으로 남아 있게 된다. 이 그리움 속에서 목련은 '우윳빛 하늘'과 동일시된다. 또한 우리 겨레가 여인의 '뽀얀 살결'을 미적 기준으로 삼았던 것과 동질적 형상화를 보인다.

겨우내 얼어붙은 상록수 가지마다
물기를 앗아버린 고난의 세월 안고
골마다 화합의 소리
갯벌 지나 함성이다

움츠려 날던 새의 비수 같은 북풍마저
봄 여신 남에서 오면 포옹하는 한가슴
하늘땅 함께 부르는
함성 속의 꽃 잔치

—「봄의 기도」 전문

겨울 동안 한설(寒雪)에 얼어붙은 상록수, 소나무거나 잣나무거나 이들 나무들이 고난의 세월을 살았을 터이다. 그러나 봄에 올리는 기도를 통하여 골짜기마다 화합의 소리가 함성으로 일어선다. 비수 같은 북풍으로 〈움츠려 날던 새〉 역시 〈하늘 땅 함께 부르는/ 함성 속의 꽃잔치〉에 동참하게 된다. 이 바탕에는 메마른 눈동자의 눈물을 닦으려는 '봄비'가 '여린 싹들'을 부추긴다.

이러한 형상화는 「봄별 한 줌」에서도 드러난다. 봄의 온기는 산다화 정수리에 터를 잡는다. 산사의 겨울은 노스님의 독경 소리가 나뭇가지에 머문다. 이와 같은 봄별의 기능으로 봄의 이미지는 생동(生動)한다.

## 3. 자연을 통한 자비의 향기

흙허물 쓸어 모아
온몸으로 감싼 채
칠월이
물들이면 자비향기 짙어진다.
부처님 연화대마다
푸른 하루 새롭다

절망의 순간에도
생명 하나 키워내는
얼마를
참고 견대야 저리 고운 꽃 한 송이
암흑의 시간이 가면
환한 등을 켜는가?

인당수 짠물에도
환생의 꽃 피운 전설
효심은
경계를 넘어 두 세상 오가는가!
사바의 못 지운 그리움
연꽃 속에 머물다

—「환생의 꽃」 전문

배정태 시인의 5시집 2부에 수록된 작품이다. 이 작품은 형식의 파격이 새로운 감동을 환기한다. 시조는 고려 말부터 우리 겨레의 사상과 정서를 담아내는 정형시로서의 역할을 해온 바 있다. 특히 3장 6구 45자 내외의 정형성을 지키면서 겨레의 희로애락(喜怒哀樂)을 담아내는 우리 겨레의 대표적 시 형식이다. 특히 단시조는 초장, 중장, 종장 등 3장으로 배행하여 간명한 이미지를 형상해온 바 있다.

그러나 이러한 정형성에 변화를 추구하여 새로 합의한 형식이 6구 12음보다. 후일 이 형식은 종장의 2구 2행에서 〈3자/ 5~8자/ 4-3자〉 2구 3행으로 변화한다. 그런데 배정태의 이 작품은 3연시조 중장을 〈3자/ 4-3-4자〉 형식으로 배치하여 흔히 볼 수 없는 시조형식을 선보인다. 최근의 시조 창작은 고답적 3장 배행 형식에서 조금이라도 파격을 취하려는 경향인데, 배정태 시인 역시 그러하다.

오백년 전설들이
한꺼번에 쏟아진 뜰

붉은 살점 흩어놓고
속죄하는 숲속 군무(群舞)

풍경은
독경에 빠진 선승(禪僧)
해탈의 길 가자는가!

오간 세월 군살 박혀
얼룩진 산길마다

동백아씨 떠난 후로
미로 찾아 헤매다가

상사화(相思花)
불붙는 여름날
도솔암(庵)도 태우겠다.

—「선운사」 전문

작품 「환생의 꽃」이 '연(蓮)'을 통한 불교적 시심을 형상화한 것이라면, 작품 「선운사」는 '동백꽃'과 '상사화'를 통해 불교적 해탈에 이르고자 한다. 특히 선운사의 후면 산록에는 동백나무숲이 우거져 있다. 그곳을 찾았을 때가 봄이었던 듯, 동백꽃 붉은 잎이 떨어진 채 흩어져 있다. 해마다 꽃이 피고 지는 것을 통하여 시인은 세월을 인식하게 되고, 고찰(古刹) 선운사의 이미지를 결합하여 〈5백년 전설〉로 형상화한다.

시인은 꽃이 피고 지는 현상에서 '해탈'의 의미를 찾아내는데, 그 매개체가 '풍경'이다. 고찰의 풍경소리는 산과 들로 퍼져 나가기도 하고 스며들기도 한다. 그 소리를 따라 시인이 산을 오르면서 해탈의 경지에 가까워진다. 특히 여름날이면 경내를 물들이던 상사화를 통하여 세상의 욕심을 버리겠다는 '비움'의 경지를 승화시킨다. '도솔암'을 태울 정도로 수많은 상사화를 붉게 피우겠다는 것은 바로 구도의 자세이자, 해탈에 대한 갈망의 다른 표현이다.

## 4. 자연의 미학은 결실

가다가 잠시 쉬어
먼 산을 바라보면
언제 저리 고운 옷들
기워 입고 춤을 출까.
어느덧
등성이에 서면
모두가 익는 마음

푸른 날 그렇게도
성깔 따라 허둥대다
한여름 햇살 채찍
맞아가며 붉힌 열매

이제는
철들었다고
새큼 달콤 녹인다.

—「가을 나그네」 일부

자연 속에서 우리는 주체이자 객체로 존재한다. 자연을 바라보는 관찰자 입장에서 보면 시의 주체적 자아가 되기도 하고, 객관화된 자연의 부분집합으로 보면, 작은 객체가 되기도 한다. '가을 나그네'는 3인칭 주체로 기능하는 것 같다. 흐르는 세월 속에서 '가을'을 조감하면 〈언제 저리 고운 옷들/ 기워 입고 춤을 출까.〉 놀랄 정도로 아름다운 자연과 만난다. 이런 감상으로 가을산의 등성이에 서면 사람도 자연도 모두 익어간다.

가을의 자연은 색의 풍요만으로 한정되지 않는다. 〈한여름 햇살 채찍/ 맞아가며 붉힌 열매〉로 자연의 미학을 완성한다. 사시사철 열매는 아름다움의 근원이다. 특히 가을은 결실의 계절이고, 결실이 자연과 우주를 지탱하는 바탕이라는 명제에 이른다. 배정태 시인의 시선도 이와 같은 결실에 집중하고 있다.

파란 줄기 애호박
덩굴 잡고 선잠 잘 때

찾아온 벌 한 마리
어깨 움찔 꽃잎 지고

속마음 따가운 가을날
희망 한통 영글다.

둥글 납작 늙은 호박
한여름 땡볕 속에

속이 타다 굳힌 결심
대문 높이 걸터앉아

황금색 완전무장에
날 파리도 못 덤벼.

—「문지기 호박」 전문

이 작품은 세월의 역순(逆順)으로 창작되었을 개연성이 높다. 어느 건물에 시인이 들어선다. 그 건물의 양쪽에 늙은 맷돌호박이 기둥처럼 쌓여 있다. 그래서 시인은 '문지기 호박'으로 명명한다. 그 호박들을 응시하면서 시인은 〈한 여름 땡볕 속에// 속이 타다 굳힌 결심〉도 찾아내고, 〈속마음 따가운 가을날/ 희망 한통〉 영근다고 유추한다.

이는 〈파란 줄기〉였을 호박이 선잠을 잘 때, 벌이 찾아와 수정을 하여 호박꽃이 피었다가 지고, 그 자리의 호박이 여름을 지나 가을에 '맷돌호박'으로 결실하는 자연의 이치를 궁구(窮究)한 작품이다. 이렇듯이 배정태 시인은 자연을 통하여 우리의 삶을 조명하며, 이러한 자세는 자연과 인간의 합일을 모색한다.

## 5. 시련 속의 휴머니티

은근슬쩍 오는 눈이 아니다

처음부터 분명히 정한
방향과 차림새
오늘은 너에게 도전한다.
선전포고를
큰 나무 우듬지부터 전한다.
겁먹은 잡풀은 풀썩 주저앉아
속죄한 지 몇 시간
미리 머리 숙인 덤불 속엔
배고픈 새떼 가족들
오소소 떨고 있다.
천년 송 푸른 가지
솔 나무는 살아온 세월과
기개로 맞선다고 버티다가
막내 가지 하나 소실되었다.

—「폭설 이후」 일부

자연에서나 인간의 삶에서나 희로애락(喜怒哀樂)과 영고성쇠(榮枯盛衰)는 피할 수 없는 이치인 듯하다. 특히 우리나라처럼 춘하추동(春夏秋冬)이 분명한 지역에서는 봄의 신생, 여름의 성장, 가을의 조락(凋落), 겨울의 동면 이미지 등이 작품에 다양하게 투영된다.

예를 든 「폭설 이후」는 4부에 수록된 작품이다. 겨울에 자주 목격되는 폭설의 진행과 결과에 대한 형상화다. 핵심 어절인 〈은근슬쩍 오는 눈이 아니다.〉에서 독자들은 상당한 양의 눈이 내릴 것을 유추하게 된다. 〈큰 나무 우듬지부터〉 선전포고를 하며 휘몰아치는 눈이 천년 송 푸른 가지를 부러뜨린다. 이러한 상황만으로 이 작품이 전개되었다면, 이 작품의 완성도는 고개를 끄덕일 정도

였을 것이다. 그러나 폭설이 내릴 것을 미리 알고, 〈머리 숙인 덤불 속〉에 〈배고픈 새떼 가족들〉이 오소소 떨고 있다는 생명의식을 작품에 투영하고 있기 때문에, 독자들은 이 작품을 통해 배정태만의 휴머니티를 찾을 수 있다.

아주 가끔
산새들 놀다가는 산동네
어쩌다 외지사람
한둘만 지나가도
반가운 눈매다.

가끔 오는 배달부
보고픈 산처녀가 사는 마을
별나게 추운 겨울이어도
털 신발 한 켤레면
따스한 동네.

바람 따라
도시 소식 남기고 간
작년 그 길손이 다시 오려나
봄바람에 문풍지만
설레고 있다.

—「쑥대 같은 그리움」 전문

〈별나게 추운 겨울〉이 오면, 산골 오지마을은 문명세계와 두절된다. 〈아주 가끔/ 산새들 놀다가는 산동네〉에 외지에서 찾아온 길손 한두 명만 지나도 반가워한다. 그 곳은 가끔 배달부가 우편

물을 전하고, 또한 그 배달부를 그리워하는 산처녀가 사는 마을이기도 하다. 그 산처녀에게는 털 신발 한 켤레가 최상의 선물이며, 이것만으로도 마음까지 따스해지는 겨울이다.

이 작품의 핵심은 〈봄바람에 문풍지만/ 설레고 있다.〉는 결구(結句)다. 한 겨울에 기다리는 봄바람, 그리고 봄바람이 울릴 문풍지만 가슴 설레고 있다. 가슴 설레는 문풍지는 산골 마을 사람들의 심리적 상징일 터, 이는 서정적 주체의 내면적 반향으로 승화된다. 그리하여 혹한을 견디며 봄을 기다리는 사람들의 열망을 담아낸 작품이다. 이렇듯이 배정태 시인은 사시사철 아름다운 열망을 가꾸어 가리라 믿으며 작품 감상을 맺는다.

# 봄별 잠시 머물다

배정태 시집

발 행 일 | 2017년 6월 30일
지 은 이 | 배정태
발 행 인 | 李憲錫
발 행 처 | 오늘의문학사
출판등록 | 제55호(1993년 6월 23일)
주　　소 | 대전광역시 동구 대전로 867번길 52(한밭오피스텔 401호)
전화번호 | (042)624-2980
팩시밀리 | (042)628-2983
전자우편 | hs2980@hanmail.net
카　　페 | cafe.daum.net/gljang(문학사랑 글짱들)
cafe.daum.net/art-i-ma(아트매거진)

공 급 처 | 한국출판협동조합
주문전화 | (070)7119-1752
팩시밀리 | (031)944-8234~6

ISBN 978-89-5669-832-8
값 12,000원



* 이 책은 교보문고에서 E-Book(전자책)으로 제작 · 판매합니다.

* 잘못 제작된 책은 바꾸어 드립니다.

* 이 책은 대전문화재단 과 대전광역시 에서 사업비 일부를 지원받았습니다.